Impressum
Verlag: BABADADA GmbH, Nedderfeld 112 , 22529 Hamburg
Geschäftsführer / Verlagsleitung: Harald Hof
Druck: Books on Demand GmbH, In de Tarpen 42, 22848 Norderstedt

Imprint
Publisher: BABADADA GmbH, Nedderfeld 112 , 22529 Hamburg, Germany
Managing Director / Publishing direction: Harald Hof
Print: Books on Demand GmbH, In de Tarpen 42, 22848 Norderstedt, Germany

المدرسة
iskola

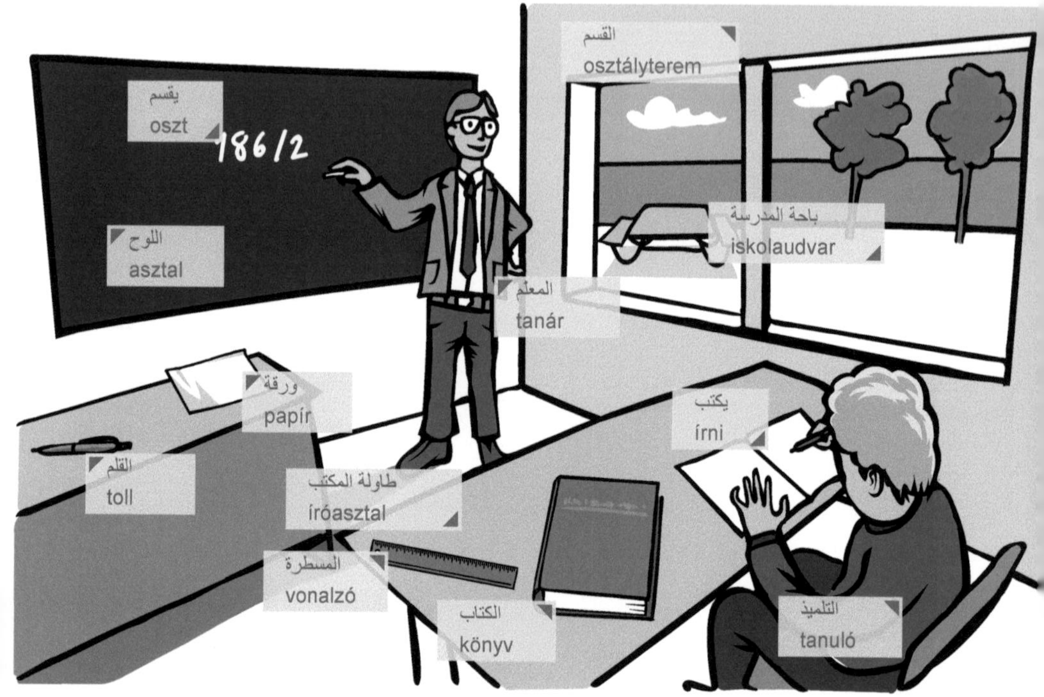

القسم
osztályterem
يقسم
oszt
186/2
اللوح
asztal
باحة المدرسة
iskolaudvar
المعلم
tanár
ورقة
papír
يكتب
írni
القلم
toll
طاولة المكتب
íróasztal
المسطرة
vonalzó
الكتاب
könyv
التلميذ
tanuló

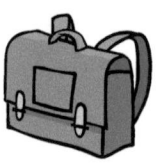

الحقيبة المدرسية
....
iskolatáska

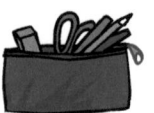

المقلمة
....
tolltartó

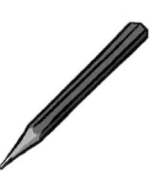

قلم الرصاص
....
ceruza

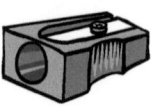

البرّاية
....
ceruzahegyező

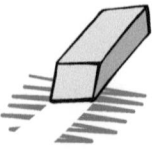

المِمحاة
....
radír

دفتر الرسم
....
rajzfüzet

الرسمة

rajz

الفرشاة

ecset

علبة التلوين

festőkészlet

المقص

olló

المادة اللاصقة

ragasztó

دفتر التمارين

munkafüzet

الواجب المدرسي

házi feladat

الرقم

szám

يجمع

összead

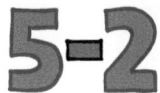

يطرح

kivon

يضرب

szoroz

يحسب

számol

الحرف

betű

الأبجدية

ABC

hello

كلمة

szó

النص
szöveg

يقرأ
olvasni

الطبشور
kréta

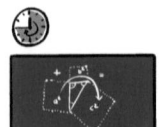

الحصة
tanóra

دفتر الدوام المدرسي
napló

الامتحان
vizsga

شهادة
bizonyítvány

اللباس المدرسي
iskolai egyenruha

التعليم
oktatás

الموسوعة
enciklopédia

الجامعة
egyetem

المجهر
mikroszkóp

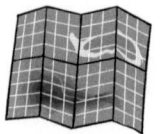

الخريطة
térkép

قماما
papír-hulladék gyűjtő

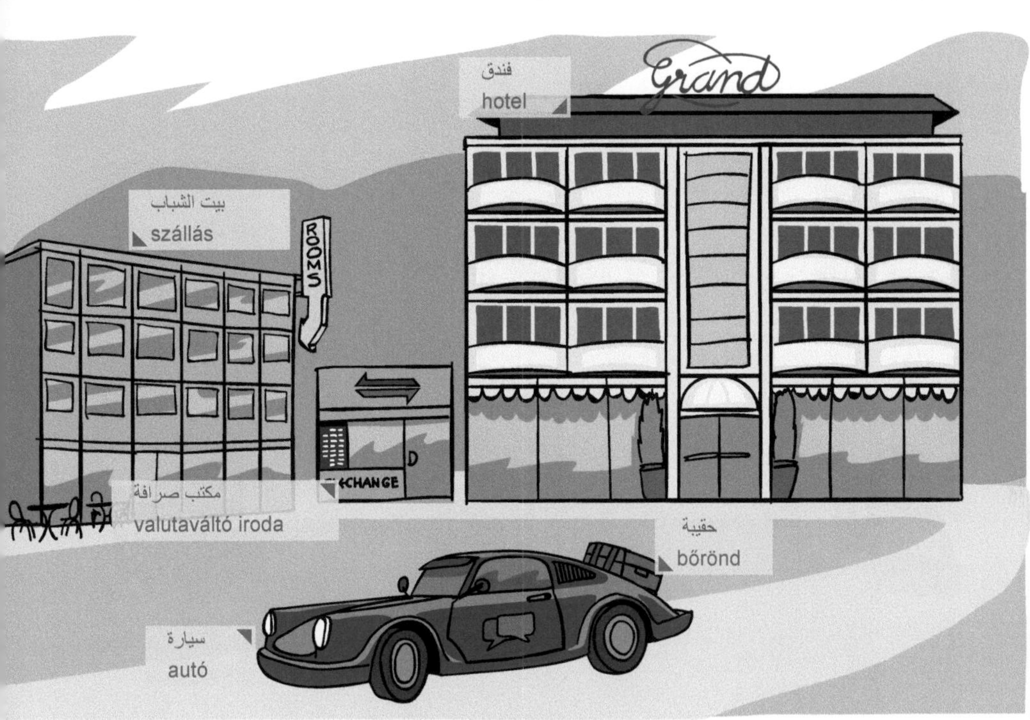

Grand
فندق
hotel
ROOMS
بيت الشباب
szállás
EXCHANGE
مكتب صرافة
valutaváltó iroda
حقيبة
bőrönd
سيارة
autó

اللغة
....
nyelv

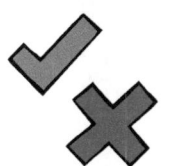

نعم / لا
....
igen/nem

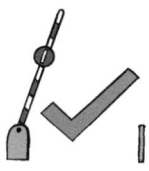

حسناً
....
rendben

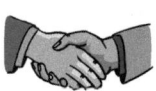

مرحباً
....
szia

مترجم
....
fordító

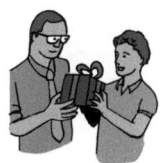

شكراً
....
köszönöm

كم ثمن ... ؟

mennyibe kerül...?

لا أفهم

nem értem

مشكلة

probléma

مساء الخير

Jó estét!

صباح الخير!

jó reggelt!

ليلة سعيدة

jó éjszakát!

إلى اللقاء

viszontlátásra

اتجاه

útirány

أمتعة السفر

poggyász

حقيبة

táska

حقيبة ظهر

hátizsák

ضيف

vendég

غرفة

szoba

كيس للنوم

hálózsák

خيمة

sátor

استعلامات سياحية

turista információ

شاطئ

strand

بطاقة انتمان

hitelkártya

إفطار

reggeli

طعام الغداء

ebéd

العشاء

vacsora

بطاقة سفر

jegy

مصعد

lift

طابع بريدي

bélyeg

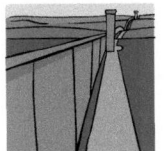

حدود

határ

الجمارك

vám

سفارة

nagykövetség

تأشيرة

vízum

جواز سفر

útlevél

نقل

közlekedés

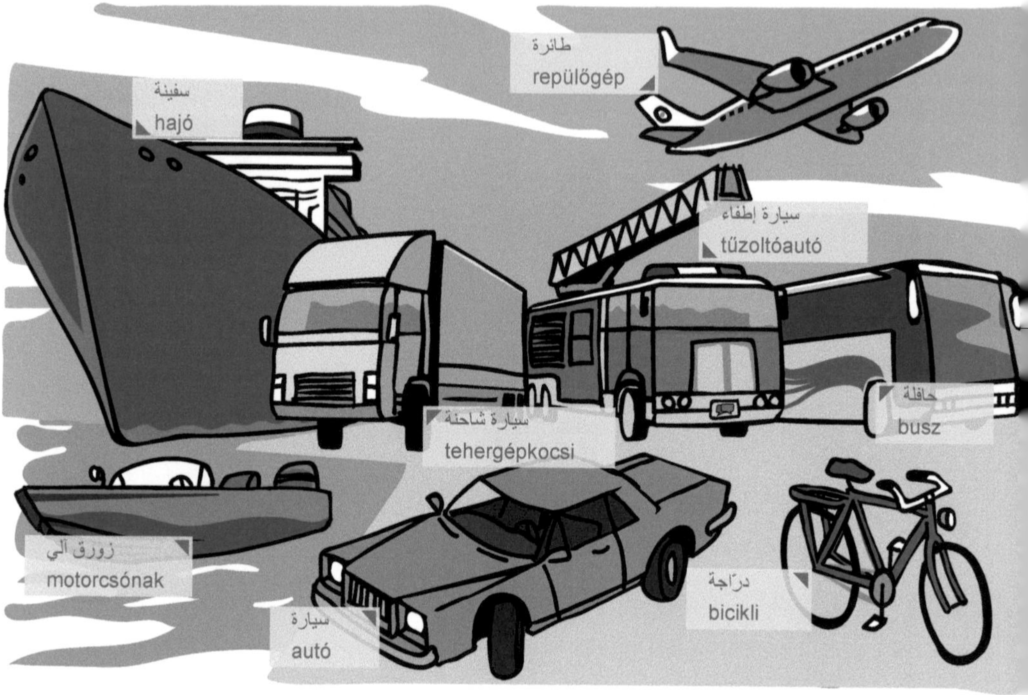

طائرة
repülőgép
سفينة
hajó
سيارة إطفاء
tűzoltóautó
حافلة
busz
سيارة شاحنة
tehergépkocsi
زورق آلي
motorcsónak
درّاجة
bicikli
سيارة
autó

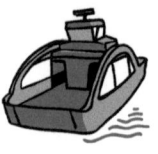

عبارة

komp

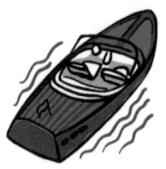

قارب

csónak

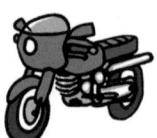

دراجة نارية

motorkerékpár

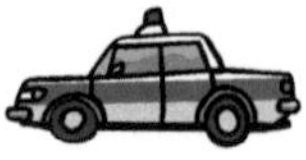

سيارة شرطة

rendőrautó

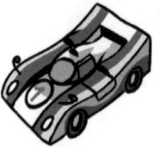

سيارة سباق

versenyautó

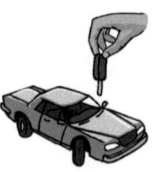

سيارة مستأجرة

bérautó

أسلوب تشاركي في استئجار السيارات

telekocsi

سيارة للجر

vontató

سيارة نقل القمامة

szemetes autó

محرك

motor

وقود

üzemanyag

محطة وقود

benzinkút

إشارة مرور

közlekedési tábla

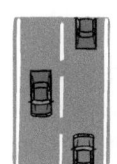

حركة السير

forgalom

ازدحام سير

forgalmi dugó

موقف سيارات

parkoló

محطة قطار

vonatállomás

سكك حديدية

sínek

قطار

vonat

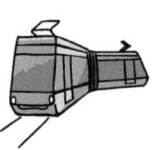

ترام

villamos

عربة قطار

vagon

طائرة مروحية

helikopter

مطار

repülőtér

برج

torony

مسافر

utas

حاوية

konténer

علبة كرتون

kartondoboz

عربة يد

taliga

سلة

kosár

يقلع / يهبط

felszáll / leszáll

مدينة

város

قرية

falu

مركز المدينة

városközpont

بيت

ház

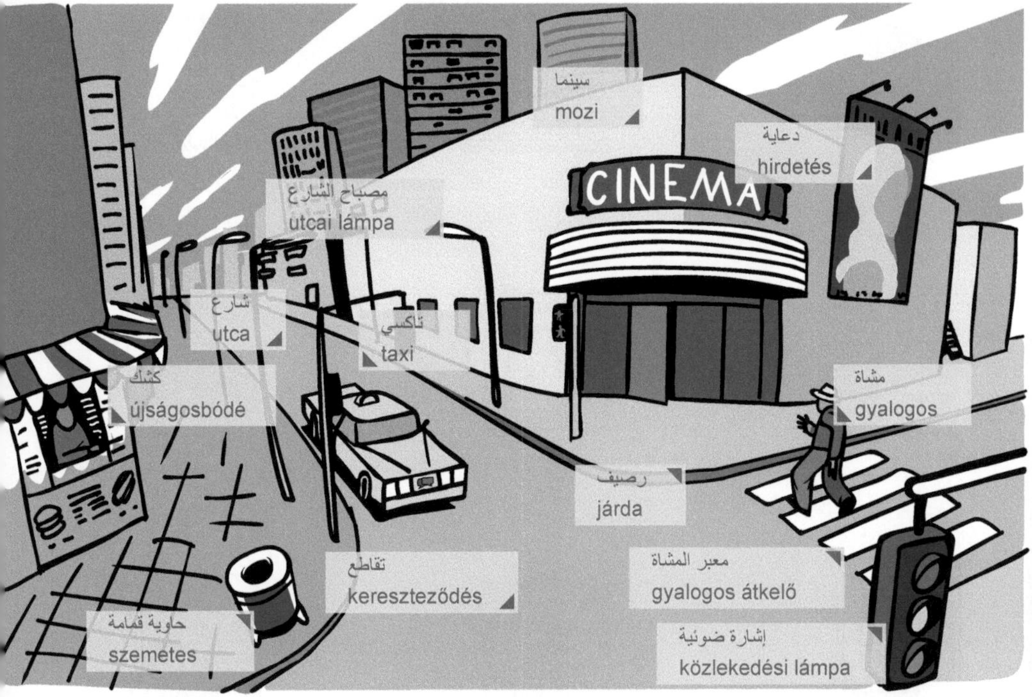

سينما
mozi

دعاية
hirdetés

مصباح الشارع
utcai lámpa

CINEMA

شارع
utca

تاكسي
taxi

كشك
újságosbódé

مشاة
gyalogos

رصيف
járda

تقاطع
kereszteződés

معبر المشاة
gyalogos átkelő

حاوية قمامة
szemetes

إشارة ضوئية
közlekedési lámpa

كوخ
....
kunyhó

شقة
....
lakás

محطة قطار
....
vonatállomás

دار البلدية
....
városháza

متحف
....
múzeum

المدرسة
....
iskola

الجامعة

egyetem

مصرف

bank

المستشفى

kórház

فندق

hotel

صيدلية

gyógyszertár

مكتب

iroda

مكتبة

könyvesbolt

متجر

üzlet

محل لبيع الزهور

virágüzlet

سوبرماركت

szupermarket

سوق

piac

متجر كبير

áruház

تاجر السمك

halárus

مركز تسوّق

bevásárló központ

ميناء

kikötő

حديقة عامة

park

مقعد

pad

جسر

híd

درج، سلم

lépcső

مترو

metró

نفق

alagút

موقف حافلات

buszmegálló

بار

bár

مطعم

étterem

صندوق البريد

postaláda

لافتة باسم الشارع

utcatábla

مقياس زمن الوقوف

parkoló óra

حديقة حيوانات

állatkert

مسبح

uszoda

مسجد

mecset

مزرعة

gazdálkodás

تلوث البيئة

környezetszennyezés

مقبرة

temető

كنيسة

templom

ملعب الأطفال

játszótér

معبد

szentély

طبيعة ريفية

táj

ورقة
levél

علامة إرشاد
útjelző tábla

طريق
út

مرج
rét

حجر
kő

شجرة
fa

رحالة
túrázó

نهر
folyó

عشب
fű

زهرة
virág

وادٍ

völgy

جبل

domb

بحيرة

tó

غابة

erdő

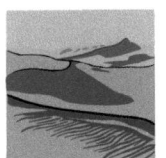

صحراء

sivatag

بركان

vulkán

قلعة

kastély

قوس قزح

szivárvány

فِطر

gomba

نخلة

pálmafa

بعوض

szúnyog

ذبابة

légy

نملة

hangya

نحلة

méhecske

عنكبوت

pók

خنفساء

bogár

ضفدعة

béka

سنجاب

mókus

قنفذ

sündisznó

أرنب

nyúl

بومة

bagoly

عصفور

madár

بجعة

hattyú

خنزير برّي

vaddisznó

غزال

szarvas

إلكة

rénszarvas

سد

gát

دولاب الطاحونة الهوائية

szélturbina

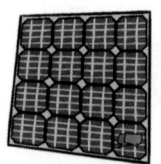

خلية شمسية

napelem

مناخ

éghajlat

مطعم
étterem

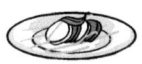

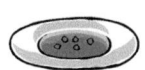

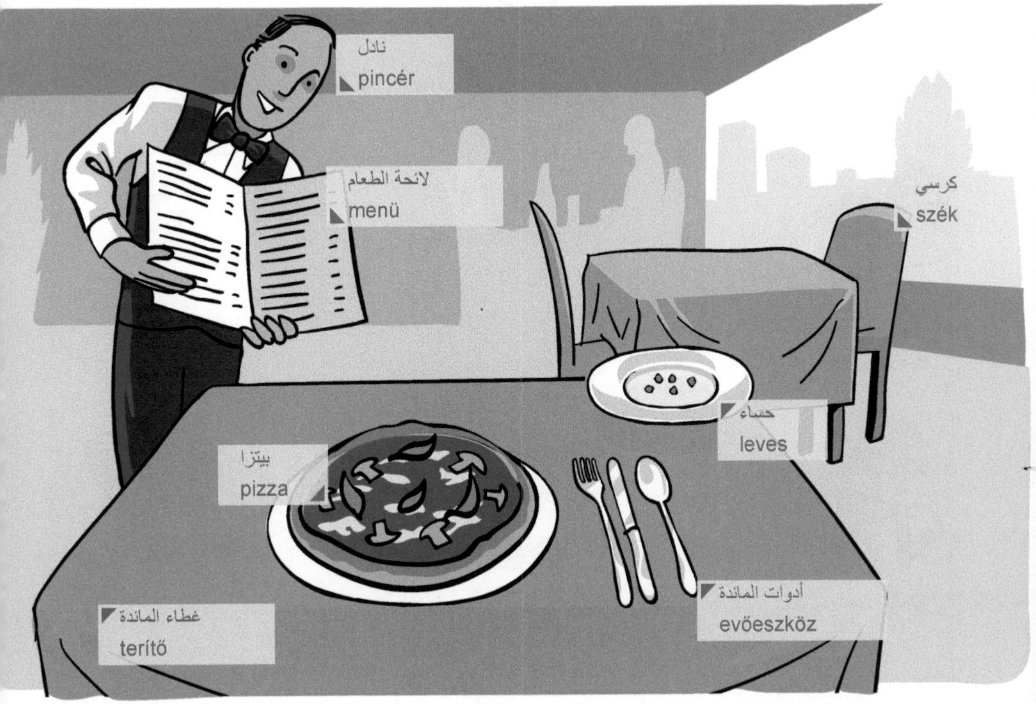

نادل
pincér
لائحة الطعام
menü
كرسي
szék
حساء
leves
بيتزا
pizza
أدوات المائدة
evőeszköz
غطاء المائدة
terítő

مقبلات
....
előétel

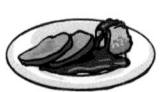

الصحن الرئيسي
....
főétel

حلوى أو فاكهة بعد الطعام
....
desszert

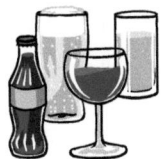

مشروبات
....
italok

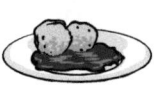

طعام
....
étel

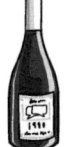

زجاجة
....
üveg

وجبات سريعة

gyorsétel

طعام الشارع

gyorsétel

إبريق الشاي

teás kanna

علبة السكر

cukortartó

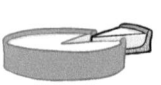

حصّة

adag

آلة الإسبريسو

eszpresszógép

كرسي عالٍ

bárszék

فاتورة

számla

صينية

tálca

سكين

kés

شوكة

villa

ملعقة

kanál

ملعقة الشاي

teáskanál

منديل المائدة

szalvéta

كأس

pohár

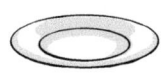

صحن
tányér

صحن الحساء
leveses tányér

صحن الفنجان
csészealj

صلصة
szósz

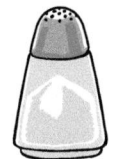

مملحة
sószóró

مطحنة الفلفل
borsőrlő

خلّ
ecet

زيت الطعام
étkezési olaj

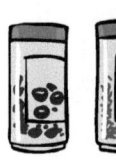

توابل
fűszerek

كتشاب
ketchup

خردل
mustár

مايونيز
majonéz

سوبرماركت

szupermarket

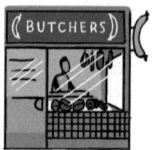

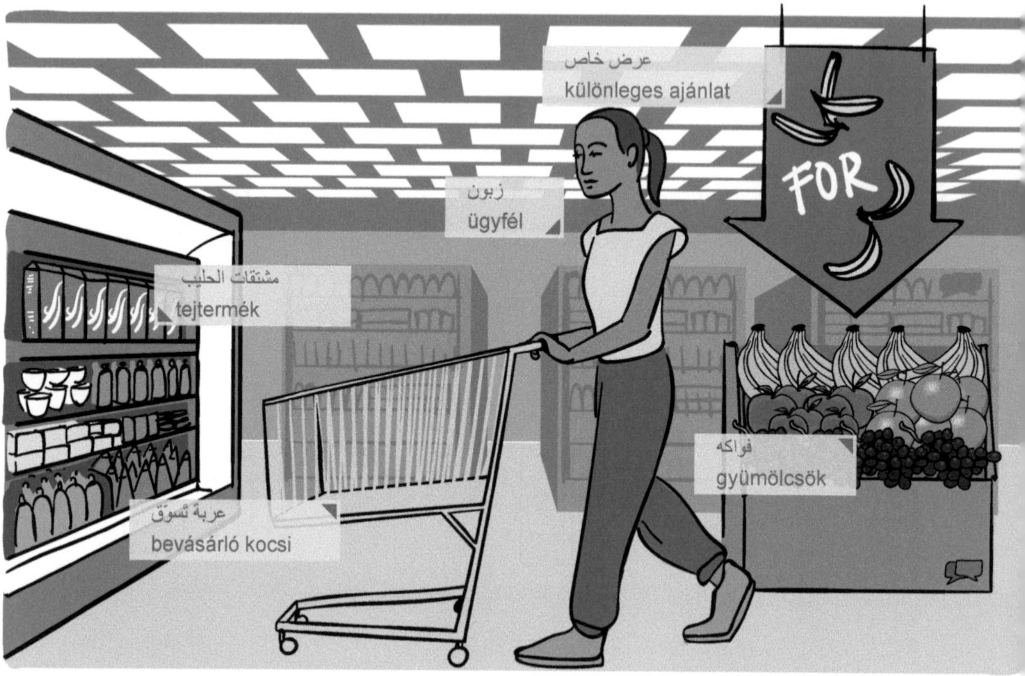

عرض خاص
különleges ajánlat
FOR
زبون
ügyfél
مشتقات الحليب
tejtermék
فواكه
gyümölcsök
عربة تسوق
bevásárló kocsi

BUTCHERS

جزّار
....
hentes

BAKERY

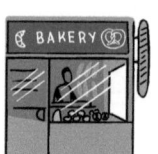

مخبز
....
pékség

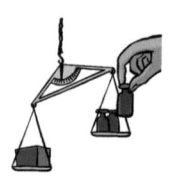

يزن
....
nyom valamennyit

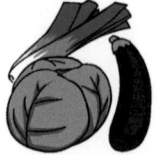

خضار
....
zöldség

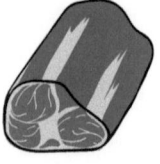

لحم
....
hús

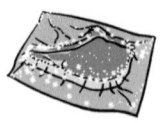

المأكولات المجمّدة
....
fagyasztott áru

مرتدلا أو جبن

felvágott

معلّبات

konzerv

مسحوق الغسيل

mosópor

حلويات

édességek

المواد المنزلية

háztartási termék

منظّفات

tisztítószerek

بائعة

eladó

صندوق الحساب

pénztárgép

أمين صندوق

eladó

قائمة المشتريات

bevásárló lista

أوقات العمل

nyitva tartás

محفظة النقود

levéltárca

بطاقة ائتمان

hitelkártya

حقيبة

zacskó

كيس بلاستيكي

műanyag zacskó

ماء

víz

عصير

gyümölcslé

حليب

tej

كولا

kóla

نبيذ

bor

بيرة

sör

كحول

alkohol

كاكاو

kakaó

شاي

tea

قهوة

kávé

قهوة إسبريسو

eszpresszó

كابوتشينو

kapucsínó

موزة

banán

تفاح

alma

برتقال

narancs

بطيخ

sárgadinnye

ليمون

citrom

جزرة

sárgarépa

ثوم

fokhagyma

خيزران

bambusz

بصل

hagyma

فطر

gomba

لوزيات

magvak

شعيرية

nokedli

سباغيتي

spagetti

أرزّ

rizs

سلطة

saláta

بطاطا مقلية

sült krumpli

بطاطا مقلية

sült burgonya

بيتزا

pizza

هامبورغر

hamburger

ساندويش

szendvics

شريحة لحم مقلية

hússzelet

لحم خنزير

sonka

سلامي

szalámi

سجق

kolbász

دجاج

csirke

لحم محمر

pecsenye

سمك

hal

دقيق الشوفان

zabkása

موسلي

müzli

كورن فلكس

kukoricapehely

طحين

liszt

كرواسان

croissant

خبز صغير

zsemle

خبز

kenyér

خبز محمص

pirítós kenyér

بسكويت

keksz

زبدة

vaj

لبن زبادي

túró

كعكة

sütemény

بيضة

tojás

بيض مقلي

tükörtojás

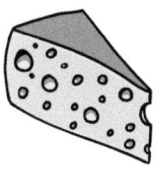

جبنة

sajt

مثلجات

jégkrém

سكر

cukor

عسل

méz

مربّى الفاكهة

lekvár

كريم النوغا

mogyorókrém

الكاري

curry

بيت الفلاح
parasztház

مخزن غلال
pajta

رزمة من التبن
szalmakazal

حقْل
mező

حصان
ló

مقطورة
vontató

مهر
csikó

جرار
traktor

حمار
szamár

خروف
juh

خروف
bárány

ماعز
kecske

بقرة
tehén

عجل
borjú

خنزير
malac

خنزير صغير
kismalac

ثور
bika

إوزّة

liba

بطة

kacsa

صوص

csibe

دجاجة

tojó

ديك

kakas

جرذ

patkány

قطّة

macska

فأر

egér

ثور

ökör

كلب

kutya

كوخ الكلب

kutyaház

خرطوم الحديقة

kerti öntözőcső

إبريق

öntözőkanna

منجل

kasza

المحراث

eke

منجل

sarló

معزقة

kapa

مذراة الزبل

vasvilla

بلطة

fejsze

عربة يد

talicska

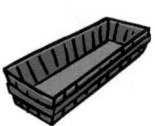

معلف

teknő

صفيحة الحليب

tejes kancsó

كيس

zsák

سياج

kerítés

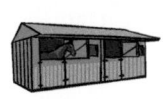

اصطبل

istálló

دفينة

üvegház

تربة

talaj

بذور

vetőmag

سماد

trágya

حصّادة درّاسة

cséplőgép

يحصد

szüretelni

محصول

betakarítás

بطاطا يامس

yamgyökér

قمح

búza

صويا

szója

بطاطا

burgonya

ذرة

kukorica

سلجم

repcemag

شجرة فاكهة

gyümölcsfa

نبات منيهوت

manióka

الحبوب

gabona

بيت
ház

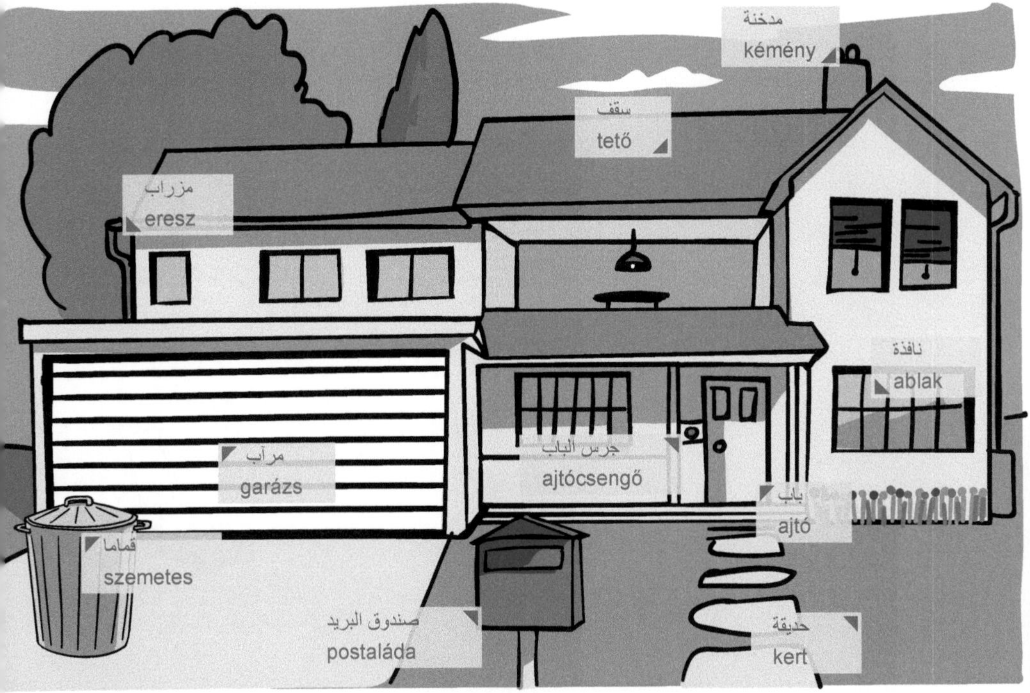
مدخنة
kémény
سقف
tető
مزراب
eresz
نافذة
ablak
مرآب
garázs
جرس الباب
ajtócsengő
باب
ajtó
قماما
szemetes
صندوق البريد
postaláda
حديقة
kert

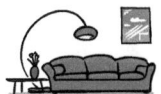

غرفة جلوس

nappali

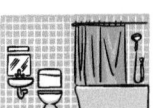

الحمّام

fürdőszoba

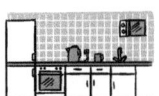

مطبخ

konyha

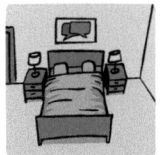

غرفة النوم

hálószoba

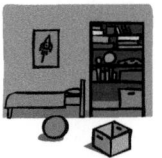

غرفة الأطفال

gyerekszoba

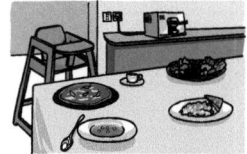

غرفة الطعام

ebédlő

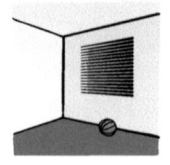

أرضية
....
padló

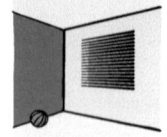

حائط
....
fal

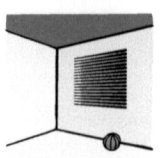

سقف
....
plafon

قبو
....
pince

ساونا
....
szauna

بلكون
....
erkély

شرفة
....
terasz

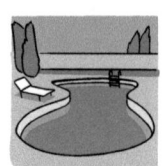

مسبح
....
medence

جزّازة العشب
....
fűnyíró

بياضات السرير
....
lepedő

بطانية
....
ágytakaró

سرير
....
ágy

مكنسة
....
seprű

سطل
....
vödör

مفتاح كهربائي
....
kapcsoló

غرفة جلوس

nappali

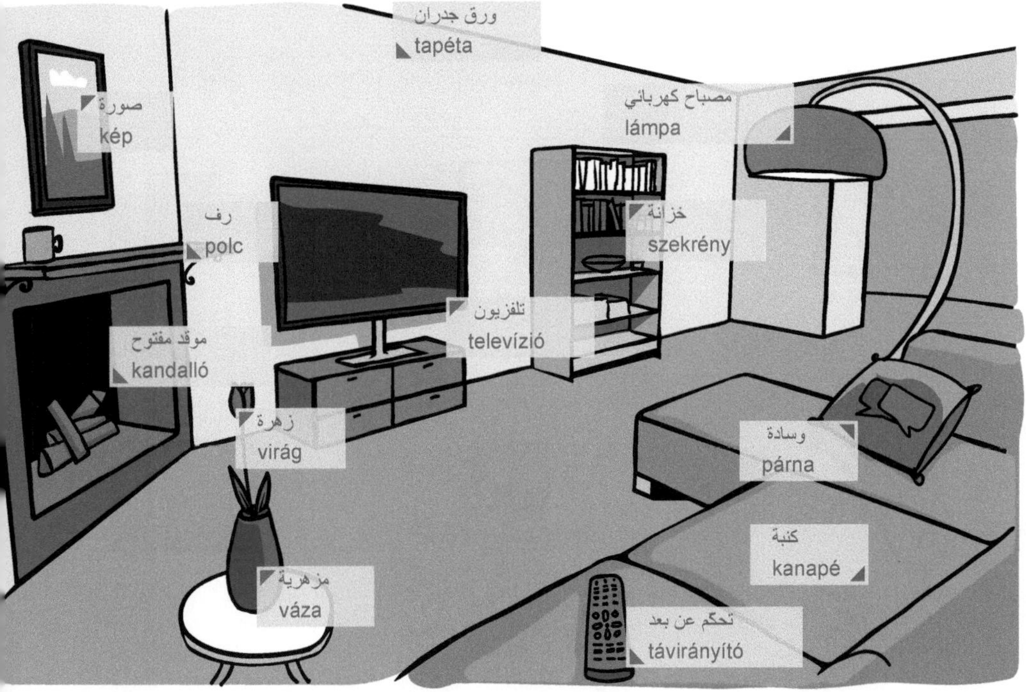

ورق جدران
tapéta
صورة
kép
مصباح كهربائي
lámpa
رف
polc
خزانة
szekrény
تلفزيون
televízió
موقد مفتوح
kandalló
زهرة
virág
وسادة
párna
كنبة
kanapé
مزهرية
váza
تحكم عن بعد
távirányító

بصاط

szőnyeg

ستارة

függöny

طاولة

asztal

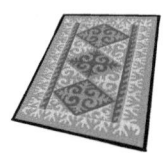

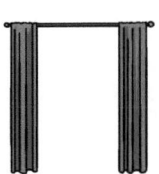

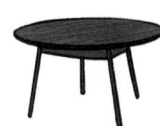

كرسي

szék

كرسي هزّاز

hintaszék

كرسي ذو ذراعين

karosszék

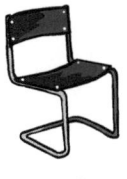

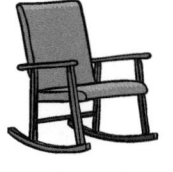

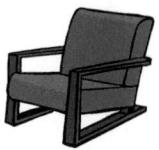

الكتاب

könyv

بطانية

takaró

زخرفة

dekoráció

الحطب

tűzifa

فيلم

film

تجهيزات ستيريو

hifi

مفتاح

kulcs

جريدة

újság

لوحة مرسومة

festmény

مُلصق

poszter

راديو

rádió

دفتر ملاحظات

jegyzetfüzet

المكنسة الكهربائية

porszívó

صبّار

kaktusz

شمعة

gyertya

مطبخ
konyha

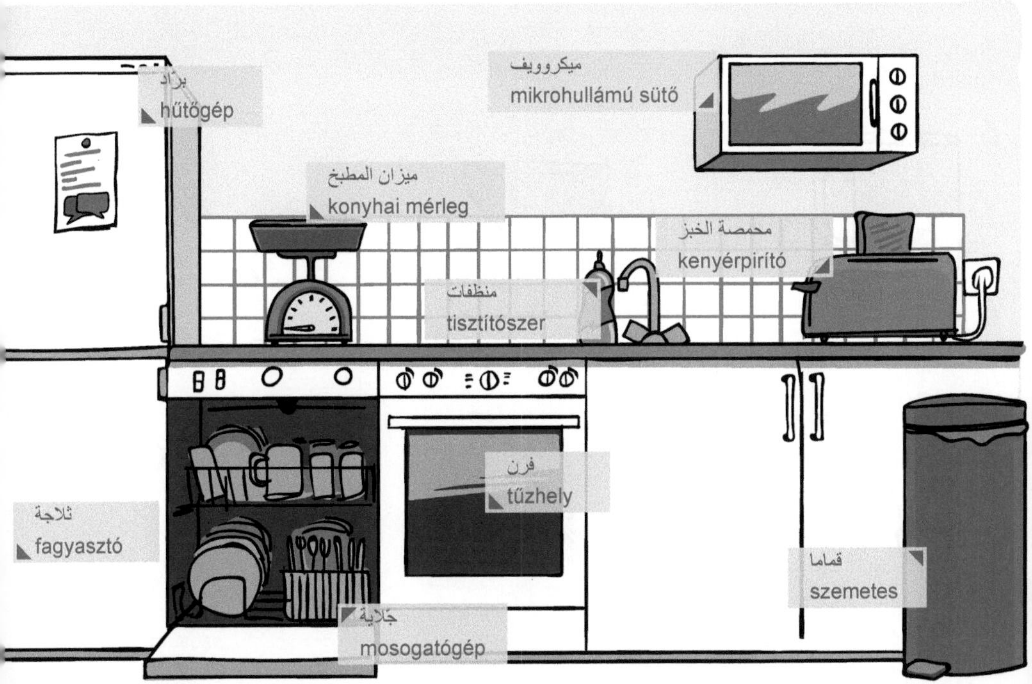
برّاد
hűtőgép
ميكروويف
mikrohullámú sütő
ميزان المطبخ
konyhai mérleg
محمصة الخبز
kenyérpirító
منظفات
tisztítószer
فرن
tűzhely
ثلاجة
fagyasztó
قماما
szemetes
جَلاية
mosogatógép

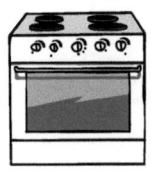

موقد

tűzhely

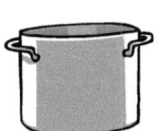

قِدر

edény

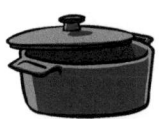

وعاء من الحديد

vasfazék

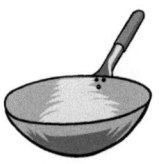

قدر صيني

wok / kadai

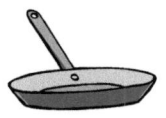

مقلاة

serpenyő

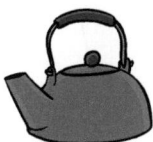

غلاية

vízforraló

قدر البخار

pároló

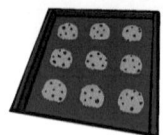

صينية

tepsi

أواني

étkészlet

فنجان

bögre

صحن

tálka

عيدان الأكل

evőpálcika

مغرفة

merőkanál

ملعقة منبسطة

keverőlapátka

خقاقة

habverő

مصفاة

szűrő

مصفاة

szita

ميشرة

reszelő

هاون

mozsár

شواء

grillsütő

موقد

kandalló

لوح التقطيع

vágódeszka

نشّابة

sodrófa

مفتاح الزجاجات

dugóhúzó

علبة

doboz

مفتاح العلب المعدنية

konzervnyitó

قماش الفرن

edényfogó

مجلى

mosogató

فرشاة

kefe

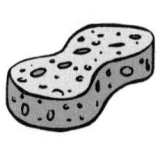

إسفنج

szivacs

خلّاط

turmixgép

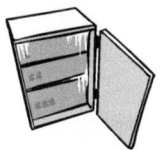

مجمّدة

mélyhűtő

زجاجة الطفل

cumisüveg

صنبور الماء

csap

الحمّام
fürdőszoba

دوش
zuhany
تدفئة
fűtés
منشفة
törölköző
ستارة الدوش
zuhanyfüggöny
حمام رغوة
habfürdő
حوض الحمام
kád
كأس
pohár
غسّالة
mosógép
صنبور الماء
csap
بلاط
csempe
قفازات مطاطية
bili
مجلى
mosogató

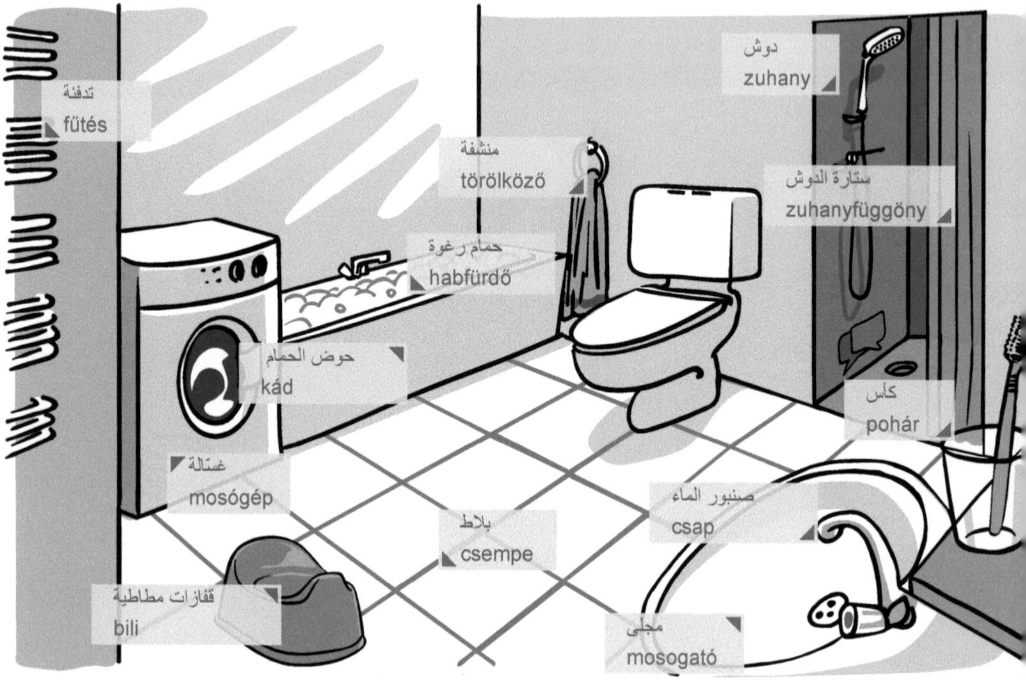

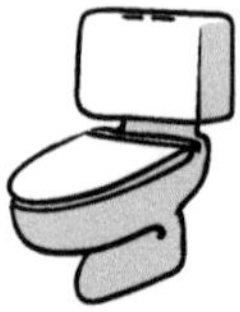

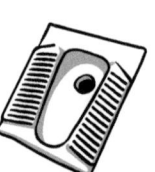

حمام
toalett

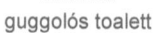

مرحاض القرفصاء
guggolós toalett

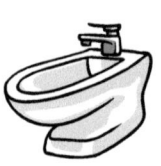

حوض التشطيف
bidé

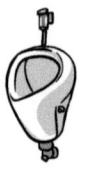

مبولة
piszoár

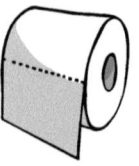

ورق المرحاض
toalett papír

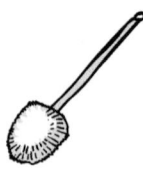

فرشاة الحمام
wc kefe

فرشاة الأسنان

fogkefe

معجون الأسنان

fogkrém

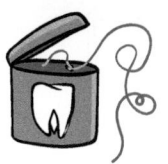

خيط حرير لتنظيف الأسنان

fogselyem

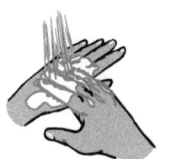

يغسل

mosni

رشاش ماء يدوي

kézi zuhany

شطاف

intimzuhany

حوض الغسيل

mosdótál

فرشاة الظهر

hátmosó kefe

صابون

szappan

جيل الدوش

tusfürdő

شامبو

sampon

ممسحة

mosdókesztyű

مصرف للماء

lefolyó

مرهم

krém

مزيل الروائح

dezodor

مرآة

tükör

مرآة يد

kézitükör

موس حلاقة

borotva

رغوة الحلاقة

borotvahab

كولونيا

borotválkozás utáni
arcszesz

مشط

fésű

فرشاة

hajkefe

سشوار

hajszárító

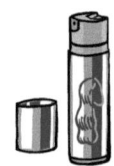

مثبت للشعر

hajlakk

ماكياج

smink

روج

ajakrúzs

طلاء أظافر

körömlakk

قطن

vatta

مقص أظافر

körömvágó olló

عطر

parfüm

سلّة الغسيل

neszesszer

مقعد صغير

sámli

ميزان

mérleg

معطف الحمام

köntös

قفازات مطاطية

gumikesztyű

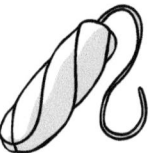

سدادة قطنية

tampon

منشفة صحية

egészségügyi betét

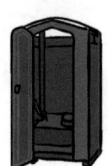

تواليت كيميائية

vegyi WC

غرفة الأطفال

gyerekszoba

منبّه
ébresztő óra
الحيوانات المحنطة
plüssállat
سيارة لعبة
játékautó
خشخشة
csörgő
بيت الدمى
babaház
هدية
ajándék

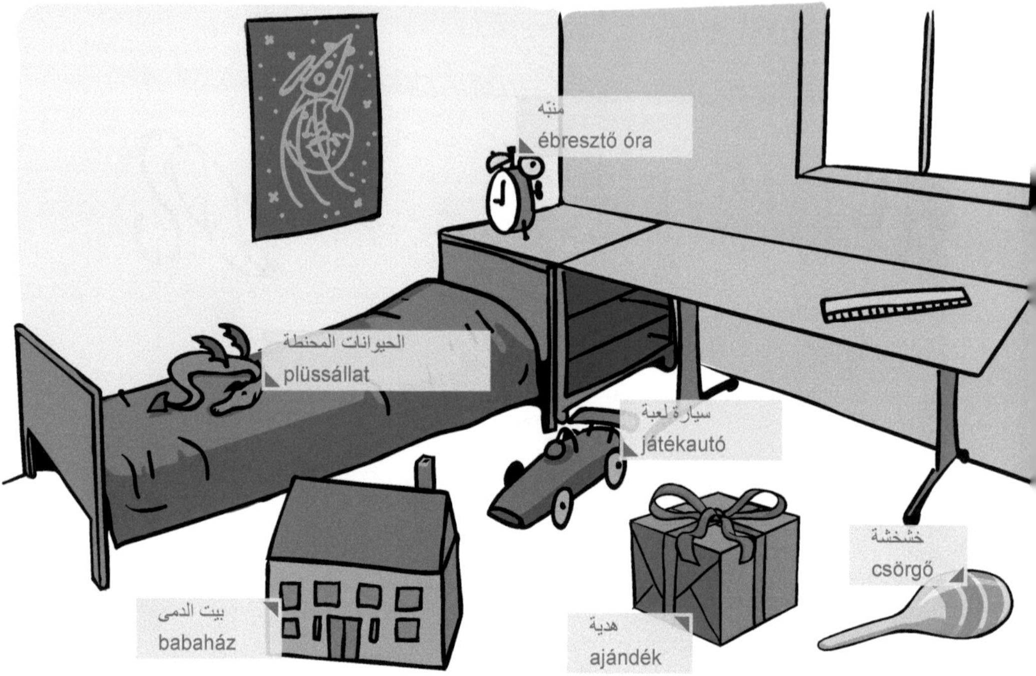

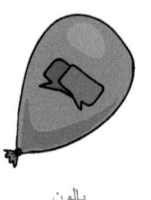

بالون

lufi

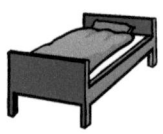

سرير

ágy

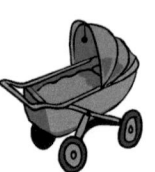

عربة الأطفال

babakocsi

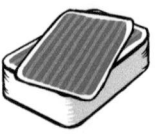

لعبة الورق

kártyapakli

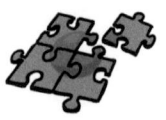

أحجية

kirakós játék

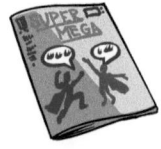

رسوم هزلية

képregény

أحجار الليغو

építőkockák

حجارة تركيب

építőelem

دمية بطل

szuperhős

لباس الطفل

rugdalózó

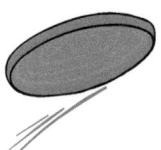

فريسبي

frizbi

دمية معلقة

zenélő forgó

لعبة الطاولة

társasjáték

لعبة النرد

kocka

لعبة قطار

modellvasút

مصّاصة

cumi

حفلة

zsúr

كتاب مصوّر

képeskönyv

كرة

labda

دمية

baba

يلعب

játszani

ملعب رملي للأطفال

homokozó

أرجوحة

hinta

لعبة

játékok

ألعاب فيديو

videójáték konzol

دراجة ثلاثية

tricikli

دمية على شكل الدب

teddi maci

خزانة الثياب

ruhásszekrény

جوارب قصيرة

zokni

جوارب طويلة

harisnya

جورب بنطلون

harisnyanadrág

شال
sál

شمسية
esernyő

حزام
öv

تي شيرت
póló

أحذية رياضية
tornacipő

حذاء شتوي
csizma

شبشب
papucs

صندل
szandál

حذاء
cipő

جزمة كاوتشوك
gumicsizma

سروال داخلي
alsónadrág

صدّارة
melltartó

قميص داخلي
mellény

لباس ملاصق للجسم

body

بنطلون

nadrág

جينز

farmer

تنورة

szoknya

بلوزة

blúz

قميص

ing

سترة قطنية

pulóver

كنزة كم طويل

kapucnis pulóver

سترة فضفاضة

blézer

سترة

dzseki

معطف

kabát

معطف مطري

esőkabát

زي - طقم نسائي

kosztüm

ثوب

ruha

ثوب الزفاف

esküvői ruha

طقم

öltöny

قميص نوم

hálóing

بيجاما

pizsama

ساري

szári

حجاب

fejkendő

عمامة

turbán

برقع

burka

قفطان

kaftán

عباءة

abaya

مايوه

fürdőruha

سروال سباحة

fürdőnadrág

شرت

rövidnadrág

بدلة رياضية

tréningruha

مئزر

kötény

قفازات

kesztyű

زر

gomb

نظارة

szemüveg

إسوارة

karkötő

عقد

nyaklánc

خاتم

gyűrű

قرط

fülbevaló

طاقية

sapka

علاقة ثياب

vállfa

قبّعة

kalap

ربطة العنق

nyakkendő

سحّاب

cipzár

خوذة

bukósisak

حمّالة البنطلون

nadrágtartó

اللباس المدرسي

iskolai egyenruha

زي موحّد

egyenruha

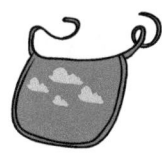

مريلة الأطفال

elŐke

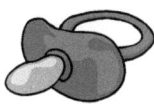

مصّاصة

cumi

لفافة

pelenka

مكتب

iroda

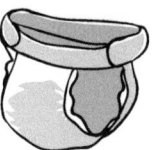

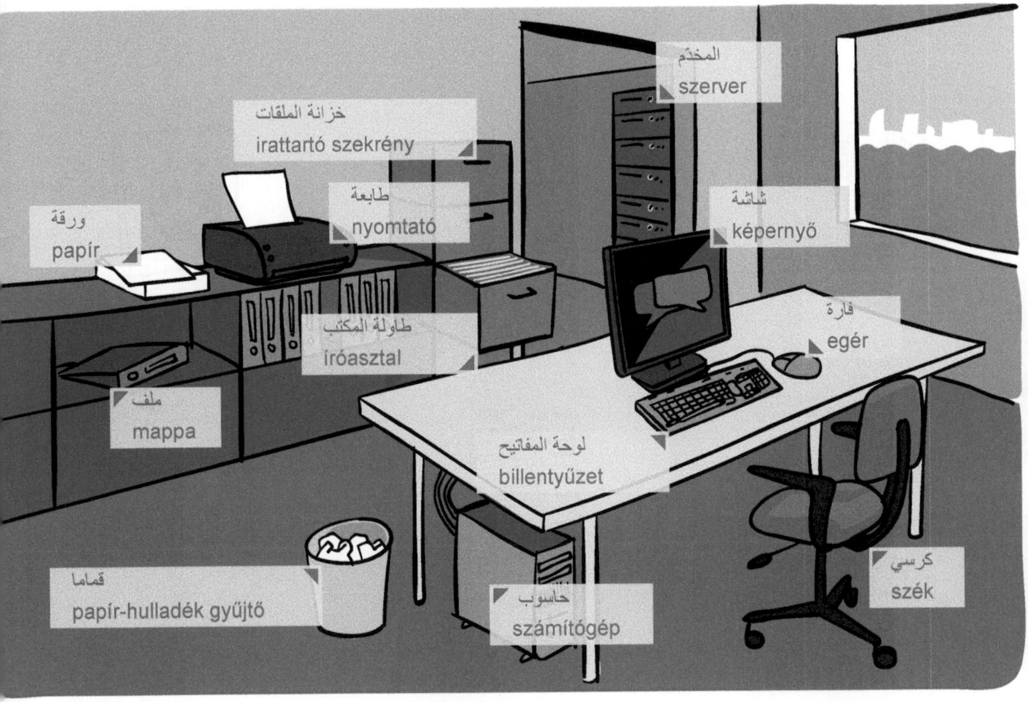

المخدّم
szerver
خزانة الملفات
irattartó szekrény
طابعة
nyomtató
ورقة
papír
شاشة
képernyő
طاولة المكتب
íróasztal
فارة
egér
ملف
mappa
لوحة المفاتيح
billentyűzet
قماما
papír-hulladék gyűjtő
حاسوب
számítógép
كرسي
szék

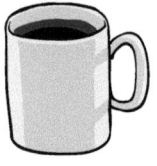

كأس من القهوة

kávéscsésze

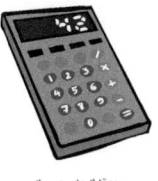

الآلة الحاسبة

számológép

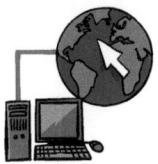

الإنترنت

internet

الحاسوب المحمول

laptop

رسالة

levél

خبر

üzenet

الهاتف المحمول

mobiltelefon

شبكة

hálózat

جهاز تصوير

fénymásoló

البرمجيات

szoftver

هاتف

telefon

مقبس كهربائي

konnektor

فاكس

faxgép

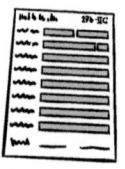

استمارة

formanyomtatvány

وثيقة

dokumentum

يَشْتَري

venni

يدفع

fizetni

يتاجر

kereskedni

مال

pénz

دولار

dollár

يورو

euró

ين

jen

روبل

rubel

فرنك سويسري

svájci frank

يوان

kínai jüan

روبية

rúpia

صرّاف آلي

bankautomata

مكتب صرافة

valutaváltó iroda

ذهب

arany

فضة

ezüst

نفط

olaj

طاقة

energia

سعر

ár

عقد

szerződés

ضريبة

adó

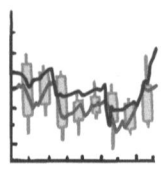

سهم

részvény

يعمل

dolgozni

موظف

munkavállaló

رب العمل

munkaadó

مصنع

gyár

متجر

üzlet

المِهَن

foglalkozások

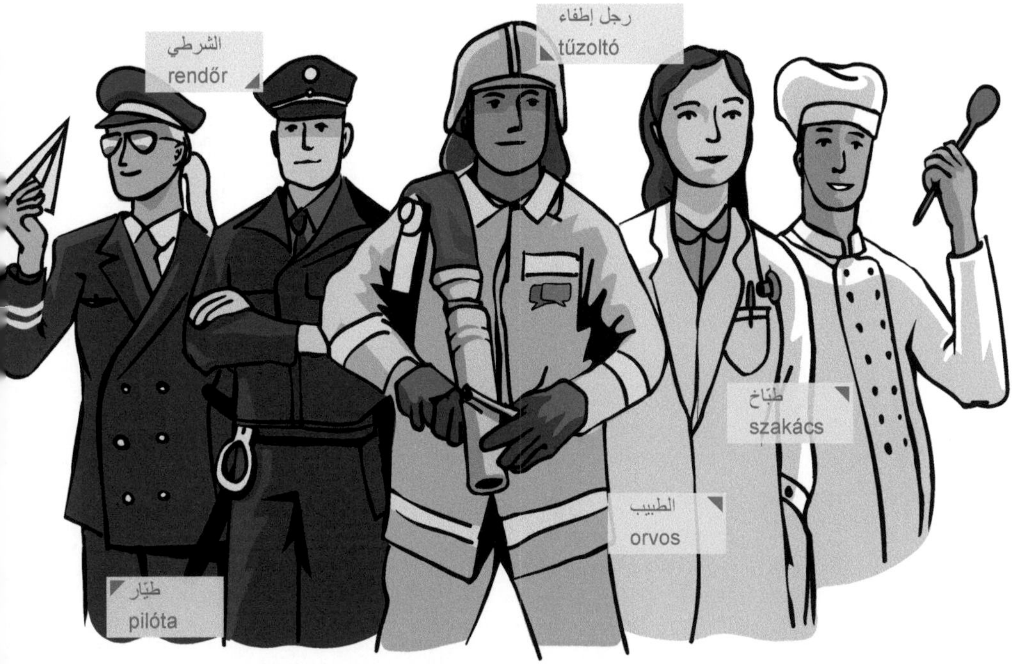

الشرطي
rendőr
رجل إطفاء
tűzoltó
طبّاخ
szakács
الطبيب
orvos
طيّار
pilóta

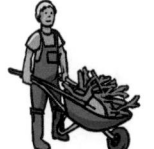

بستاني

kertész

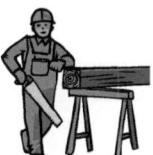

نجّار

kárpitos

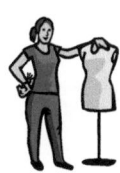

خيّاطة

varrónő

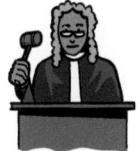

قاض

bíró

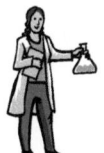

كيميائي

vegyész

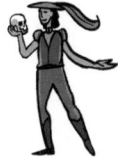

ممثل

színész

سائق حافلة

buszsofőr

سائق تاكسي

taxisofőr

صياد سمك

halász

أجيرة للتنظيف

bejárónő

بنّاء سقف

tetőfedő

نادل

pincér

صيّاد

vadász

رسّام

festő

خبّاز

pék

كهربائي

villanyszerelő

عامل بناء

építőmunkás

مهندس

mérnök

لحّام

hentes

سمكري

vízvezeték-szerelő

ساعي البريد

postás

جندي

katona

مهندس معماري

építész

أمين صندوق

eladó

بائع الزهور

virágos

حلاق

fodrász

مراقب القطار

kalauz

ميكانيكي

műszerész

قبطان

kapitány

طبيب أسنان

fogorvos

رجل العلم

tudós

حاخام

rabbi

إمام

imám

راهب

szerzetes

كاهن

lelkész

عدة عمل

szerszámok

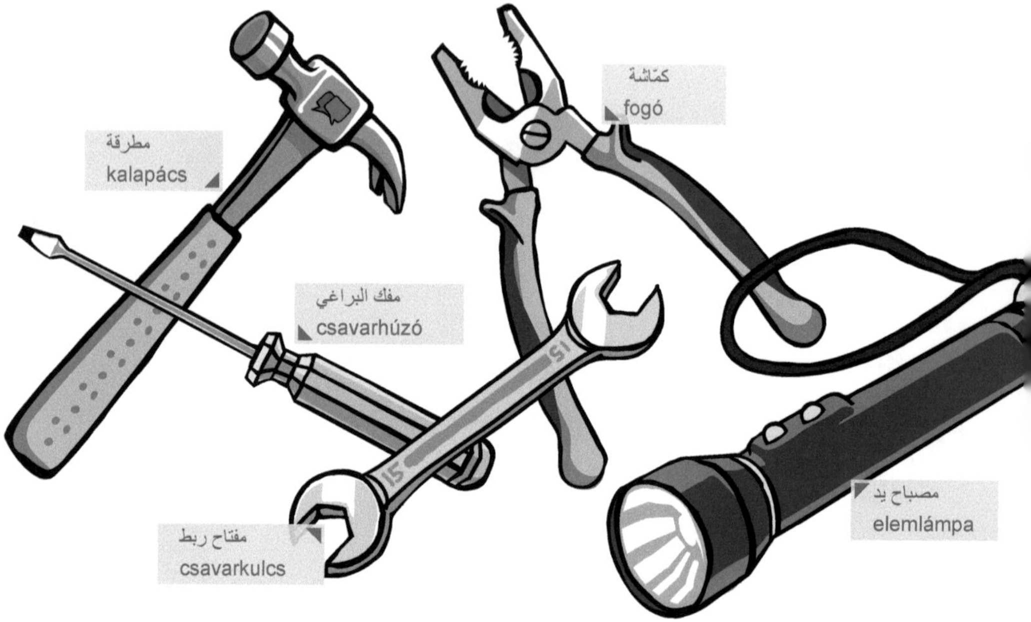

مطرقة
kalapács
كمّاشة
fogó
مفك البراغي
csavarhúzó
مفتاح ربط
csavarkulcs
مصباح يد
elemlámpa

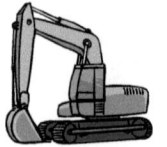

جرافة

markológép

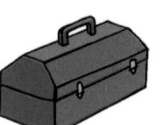

صندوق العدة

szerszámosláda

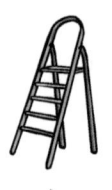

سلم

vödör

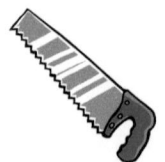

منشار

fűrész

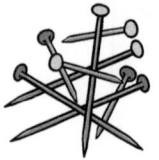

مسامير

szög

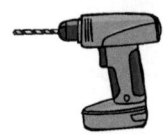

مثقب

fúrógép

يصلح

megjavítani

مجرفة

lapát

اللعنة

A francba!

لقاطة الكناسة

szemétlapát

سطل الألوان

festékesdoboz

براغي

csavar

آلات موسيقية

hangszerek

مكبر الصوت
hangszóró

آلات الإيقاع
dobfelszerelés

غيتار
gitár

كمان أجهر
nagybőgő

بوق
trombita

بيانو

zongora

كمنجة

hegedű

جهير

basszusgitár

طبل كبير

üstdob

طبل

dobok

بيانو كهرباني

digitális zongora

ساكسوفون

szaxofon

ناي

fuvola

ميكروفون

mikrofon

حديقة حيوانات

állatkert

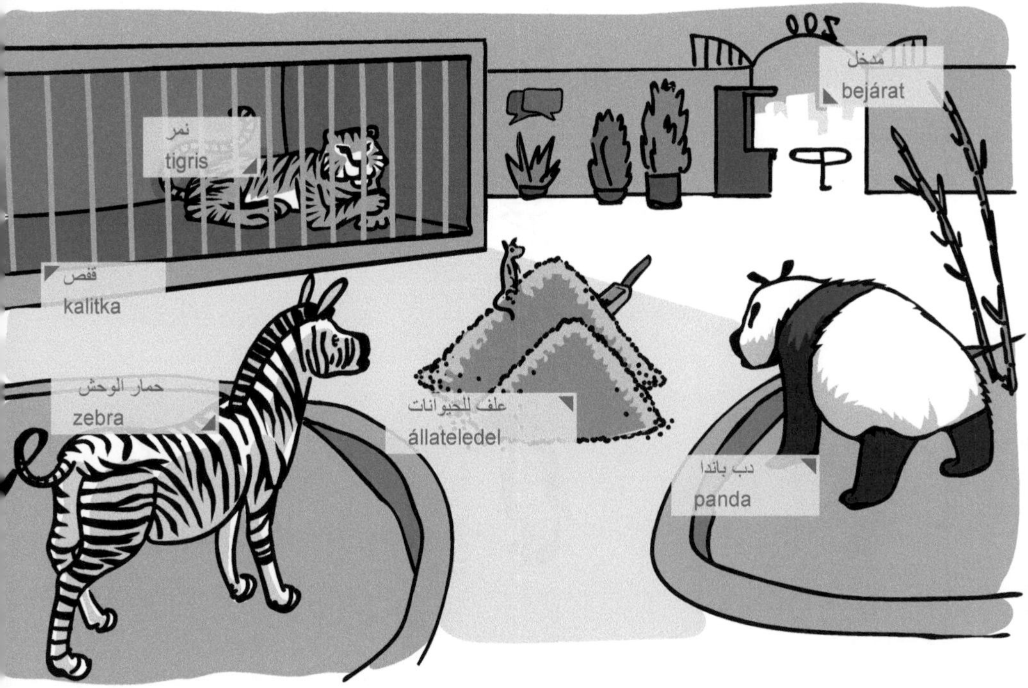

مدخل
bejárat
نمر
tigris
قفص
kalitka
حمار الوحش
zebra
علف للحيوانات
állateledel
دب باندا
panda

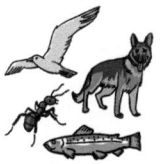

حيوانات
állatok

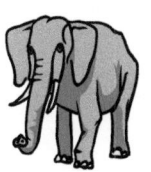

فيل
elefánt

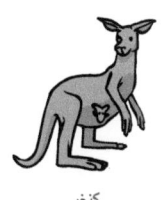

كنغر
kenguru

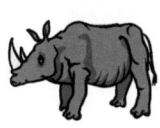

وحيد القرن
orrszarvú

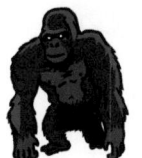

غوريلا
gorilla

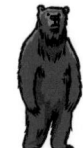

دب
medve

جمل

teve

نعامة

strucc

أسد

oroszlán

قرد

majom

طائر فلامينغو

flamingó

ببغاء

papagáj

دب قطبي

jegesmedve

بطريق

pingvin

سمك القرش

cápa

طاووس

páva

أفعى

kígyó

تمساح

krokodil

حارس في حديقة الحيوان

állatgondozó

عجل البحر

fóka

نمر أمريكي مرقط

jaguár

فرس قزم
póniló

نمر
leopárd

فرس النهر
víziló

زرافة
zsiráf

نسر
sas

خنزير برّي
vaddisznó

سمك
hal

سلحفاة
teknős

حيوان فظ البحري
rozmár

ثعلب
róka

غزال
gazella

كرة القدم الأمريكية
amerikai futball

ركوب الدراجات
kerékpározás

كرة التنس
tenisz

كرة السلة
kosárlabda

السباحة
úszás

الملاكمة
boksz

هوكي الجليد
jégkorong

كرة القدم
futball

الريشة الطائرة
tollas

ألعاب القوى الخفيفة
atlétika

كرة اليد
kézilabda

التزلج على الثلج
síelés

بولو
lovaspóló

نشاطات
tevékenységek

يقفز
ugrani
يعانق
ölelni
يضحك
nevetni
يمشي
sétálni
يغنّي
énekelni
يحلم
álmodni
يصلّي
dicsérni
يقبل
csókolni

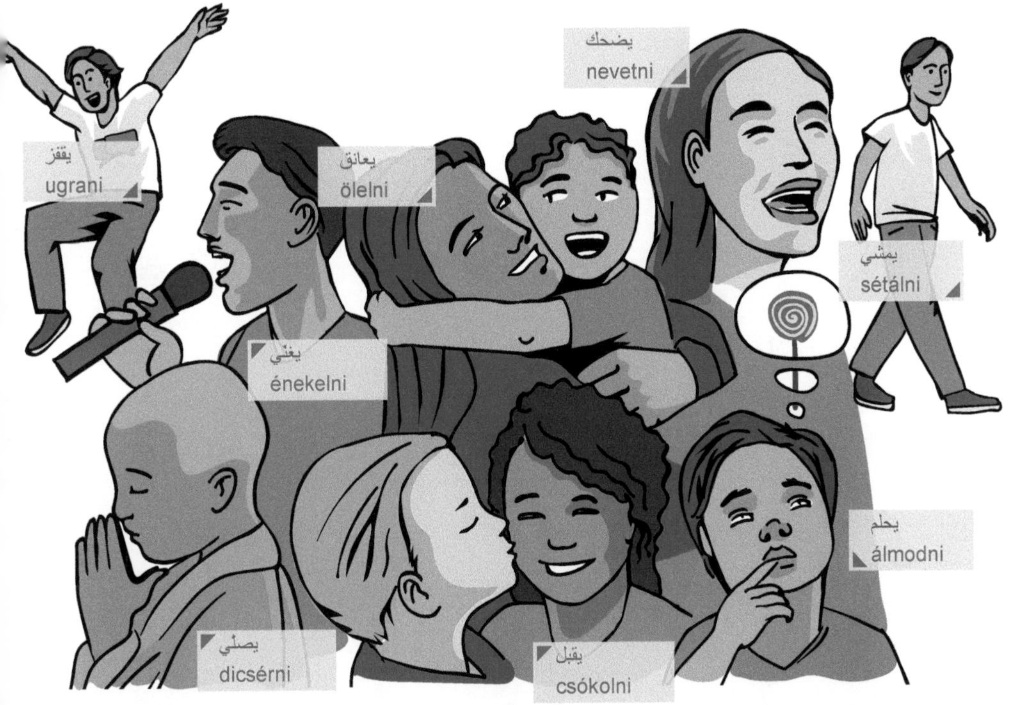

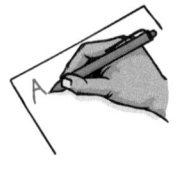

يكتب
....
írni

يرسم
....
rajzolni

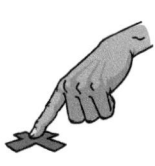

يُري
....
mutatni

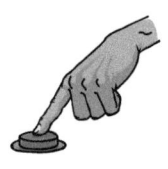

يدفع
....
tolni

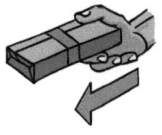

يعطي
....
adni

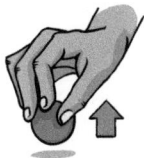

يأخذ
....
vinni

يملك

birtokolni

يعمل

csinálni

يوجد

lenni

يقف

állni

يركض

futni

يسحب

húzni

يرمي

hajít

يقع

esni

يستلقي

hazudni

ينتظر

várni

يحمل

vinni

يجلس

ülni

يلبس

felvenni

ينام

aludni

يستيقظ

felébredni

ينظر إلى ..

ránézni

يبكي

sírni

يمسّد

simogat

يمشّط

fésülni

يتكلم

beszélni

يفهم

megérteni

يسأل

kérdezni

يسمع

hallgatni

يشرب

inni

ياكل

enni

يرتب

takarítani

يحب

szeretni

يطبخ

főzni

يقود

vezetni

يطيّر

szállni

بيحر بزورق شراعي

vitorlázni

يحسب

számol

يقرأ

olvasni

يتعلم

tanulni

يعمل

dolgozni

يتَزوج

házasodni

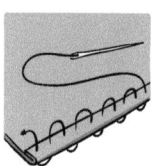

يخيط

varrni

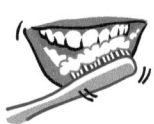

ينظف أسنانه

fogat mosni

يقتل

ölni

يدخّن

dohányozni

يرسل

küldeni

család

جدّة
nagymama

جدّ
nagypapa

أب
apa

أمّ
anya

الطفل
kisbaba

ابنة
lány

ابن
fiú

ضيف

vendég

عمّة / خالة

nagynéni

عمّ / خال

nagybácsi

أخ

fiútestvér

أُخت

lánytestvér

الجسم

test

الجبين
homlok
العين
szem
الكتف
váll
الإصبع
ujj
الوجه
arc
الذقن
áll
اليد
kéz
الساق
láb
الصدر
mell
الذراع
kar

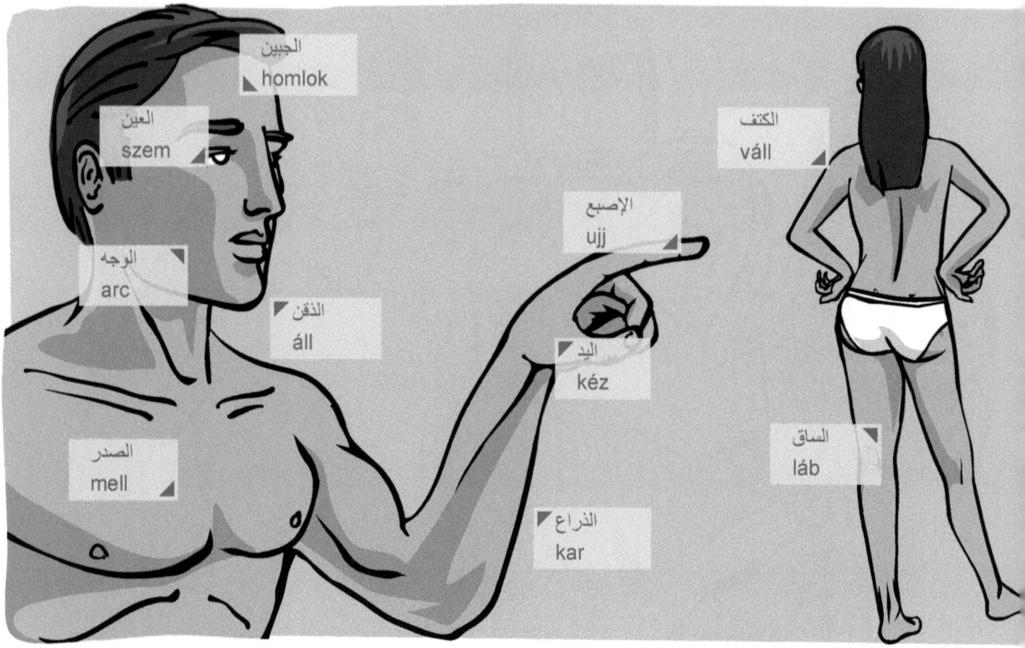

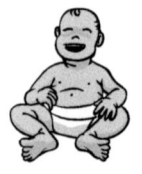

الطفل

kisbaba

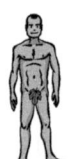

الرجل

ember

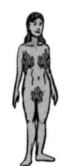

المرأة

nő

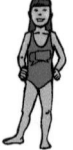

البنت

lány

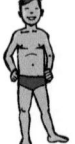

الولد

fiú

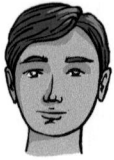

الرأس

fej

الظهر
....
hát

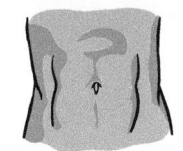

البطن
....
has

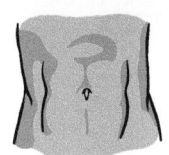

السرّة
....
köldök

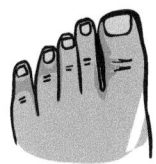

إصبع القدم
....
lábujj

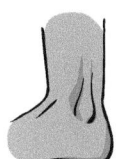

الكعب
....
sarok

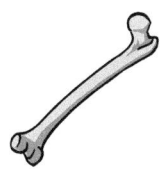

العظم
....
csont

الورك
....
csípő

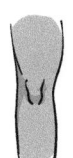

الركبة
....
térd

المرفق
....
könyök

الأنف
....
orr

العَجُز
....
fenék

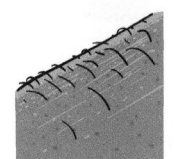

البَشرة
....
bőr

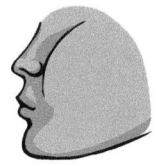

الخد
....
orca

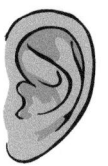

الأذن
....
fül

الشفة
....
ajak

الفم

száj

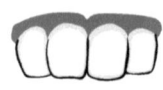

السن

fog

اللسان

nyelv

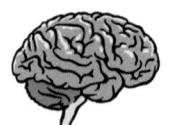

الدماغ

agy

القلب

szív

العضلة

izom

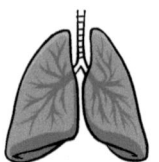

الرئة

tüdő

الكبد

máj

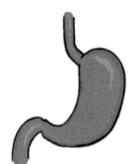

المعدة

gyomor

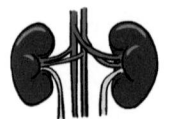

الكلى

vese

الاتصال الجنسي

szex

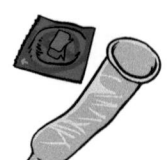

الواقي المطاطي

kondom

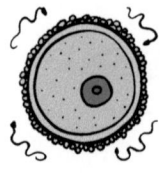

البويضة

petesejt

المنيّ

sperma

الحمل

terhesség

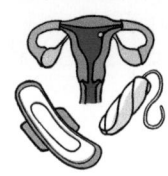

الحيض

menstruáció

المهبل

vagina

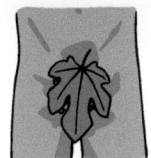

القضيب

pénisz

الحاجب

szemöldök

الشعر

haj

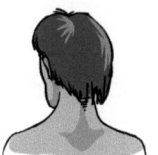

الرقبة

nyak

المستشفى
kórház

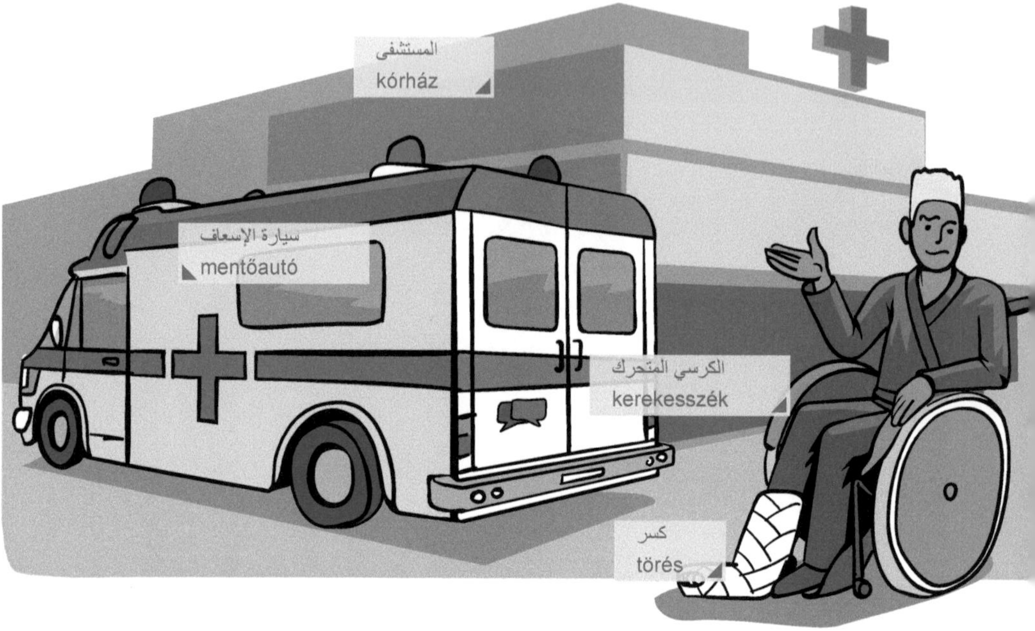

المستشفى
kórház
سيارة الإسعاف
mentőautó
الكرسي المتحرك
kerekesszék
كسر
törés

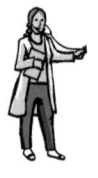

الطبيب

orvos

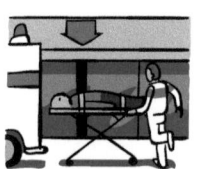

غرفة الإسعاف

sürgősségi osztály

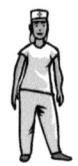

الممرضة

ápoló

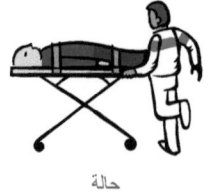

حالة

vészhelyzet

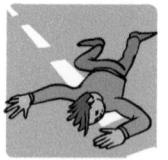

مغمى عليه

eszméletlen

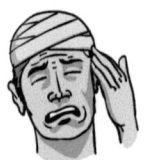

الألم

fájdalom

إصابة

sérülés

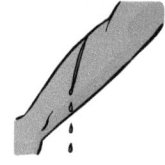

النزيف

vérzés

احتشاء القلب

szívroham

جلطة

szélütés

حسسية

allergia

السعال

köhögés

الحُمَّى

láz

إنفلونزا

influenza

الإسهال

hasmenés

وجع الرأس

fejfájás

السرطان

rák

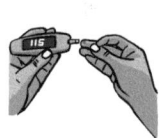

مرض السكر

cukorbetegség

جرّاح

sebész

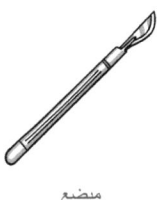

مبضع

szike

عملية

műtét

سيتي سكان
CT

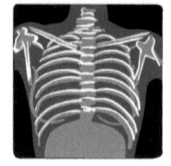

الأشعة السينية
röntgen

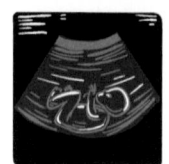

فوق الصوتي
ultrahang

القناع
arcmaszk

المرض
betegség

غرفة الانتظار
váróterem

العُكاز
mankó

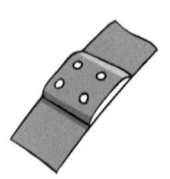

شريط لاصق
septapasz

ضماد
kötszer

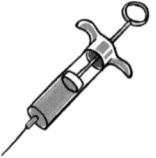

حقنة
injekció

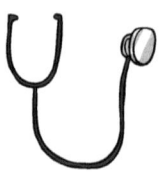

سمَّاعة الطبيب
sztetoszkóp

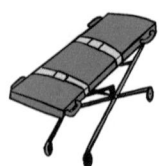

نقالة
hordágy

ميزان حرارة
klinikai hőmérő

ولادة
születés

وزن زائد
túlsúly

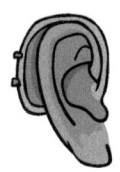

جهاز السمع

hallókészülék

المواد المعقمة

fertőtlenítőszer

عدوى

fertőzés

فيروس

vírus

الإيدز

HIV/AIDS

الطب

orvosság

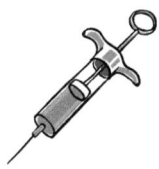

اللقاح

oltás

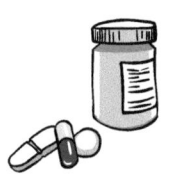

أقراص الدواء

tabletták

حبّة الدواء

tabletta

نداء النجدة

sürgősségi hívás

مقياس ضغط الدم

vérnyomásmérő

مريض / صحيح

betegség / egészség

النجدة!

Segítség!

إنذار

riasztás

اعتداء

rajtaütés

هجوم

támadás

خطر

veszély

مخرج طوارئ

vészkijárat

حريق!

tűz!

جهاز الإطفاء

tűzoltókészülék

حادث

baleset

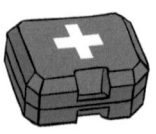

حقيبة الإسعاف الأولي

elsősegélycsomag

أنقذونا

SOS

الشرطة

rendőrség

أوروبا

Európa

أمريكا الشمالية

Észak-Amerika

أمريكا الجنوبية

Dél-Amerika

أفريقيا

Afrika

آسيا

Ázsia

أستراليا

Ausztrália

المحيط الأطلسي

Atlanti-óceán

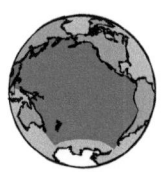

المحيط الهادي

Csendes-óceán

المحيط الهندي

Indiai-óceán

المحيط المتجمد الجنوبي

Déli-óceán

المحيط المتجمد الشمالي

Jeges-tenger

القطب الشمالي

Északi-sark

القطب الجنوبي

Déli-sark

منطقة القطب الجنوبي

Antarktisz

أرض

föld

بر

szárazföld

بحر

tenger

جزيرة

sziget

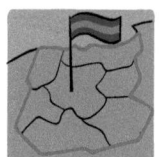

أمة

nemzet

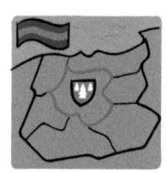

دولة

állam

ميناء الساعة

számlap

عقرب الساعات

kismutató

عقرب الدقائق

nagymutató

عقرب الثواني

másodpercmutató

كم الساعة الآن؟

Mennyi az idő?

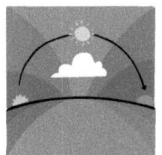

يوم

nap

زمن

idő

الآن

most

ساعة رقمية

digitális óra

دقيقة

perc

ساعة

óra

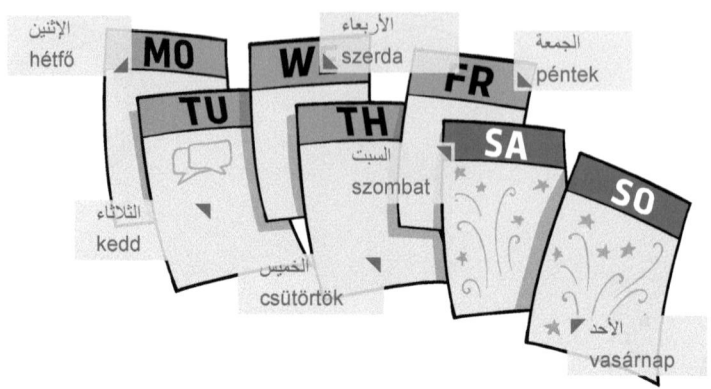

الإثنين
hétfő

الأربعاء
szerda

الجمعة
péntek

الثلاثاء
kedd

الخميس
csütörtök

السبت
szombat

الأحد
vasárnap

الأمس
tegnap

اليوم
ma

غدا
holnap

الصباح
reggel

الظهر
dél

المساء
este

MO	TU	WE	TH	FR	SA	SU
1	2	3	4	5	6	7
8	9	10	11	12	13	14
15	16	17	18	19	20	21
22	23	24	25	26	27	28
29	30	31	1	2	3	4

أيام العمل
hétköznap

MO	TU	WE	TH	FR	SA	SU
1	2	3	4	5	6	7
8	9	10	11	12	13	14
15	16	17	18	19	20	21
22	23	24	25	26	27	28
29	30	31	1	2	3	4

نهاية الأسبوع
hétvége

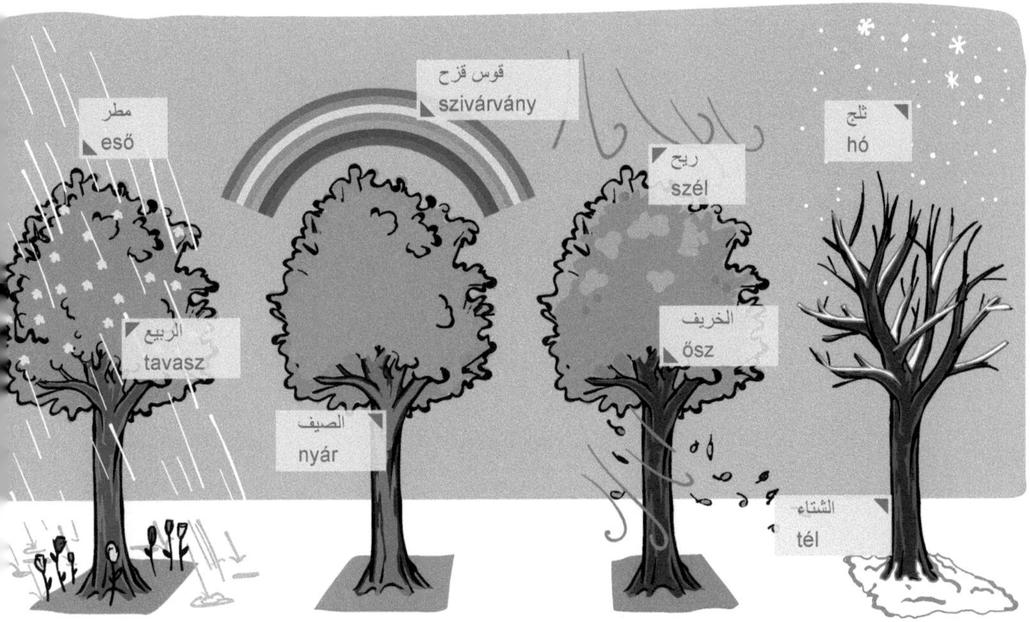

مطر
eső

قوس قزح
szivárvány

ثلج
hó

ريح
szél

الربيع
tavasz

الخريف
ősz

الصيف
nyár

الشتاء
tél

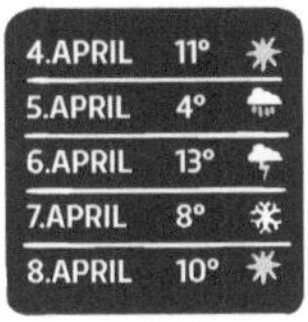

التنبّؤ بالحالة الجوية

időjárás előrejelzés

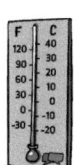

مقياس حرارة

hőmérő

ضوء الشمس

napsütés

felhő

سحابة

ضباب

köd

رطوبة الجو

páratartalom

برق

villámlás

رعد

mennydörgés

عاصفة

vihar

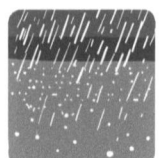

بَرَد

jégeső

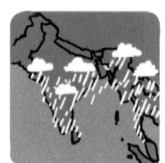

ريح موسمية

monszun

طوفان

áradás

جليد

jég

كانون الثاني / يناير

január

شباط / فبراير

február

آذار / مارس

március

نيسان / أبريل

április

أيار / مايو

május

حزيران / يونيو

június

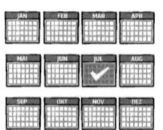

تموز / يوليو

július

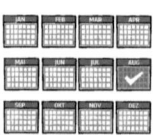

آب / أغسطس

augusztus

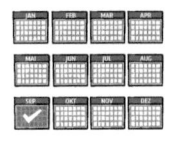

أيلول / سبتمبر
....
szeptember

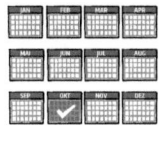

تشرين الأول / أكتوبر
....
október

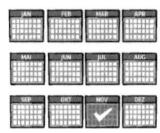

تشرين الثاني / نوفمبر
....
november

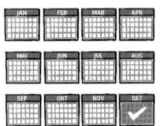

كانون الأول / ديسمبر
....
december

أشكال
alakzatok

دائرة
....
kör

مربّع
....
négyzet

مستطيل
....
téglalap

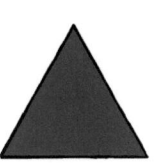

مثلث
....
háromszög

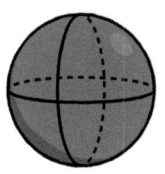

كرة
....
gömb

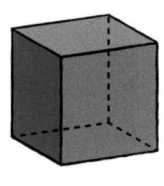

مكعب
....
kocka

أبيض

fehér

أصفر

sárga

برتقالي

narancs

وردي

rózsaszín

أحمر

piros

بنفسجي

lila

أزرق

kék

أخضر

zöld

بنّي

barna

رمادي

szürke

أسود

fekete

كثير / قليل

sok / kevés

غضبان / هادئ

mérges / nyugodt

جميل / قبيح

szép / csúnya

بداية / نهاية

kezdet / vég

كبير / صغير

nagy / kicsi

فاتح / قاتم

világos / sötét

أخ / أخت

fivér / nővér

نظيف / وسخ

tiszta / koszos

كامل / ناقص

teljes / nem teljes

نهار / ليل

nappal / éjszaka

ميت / حيّ

halott / élő

عريض / ضيّق

széles / keskeny

صالح للأكل / غير صالح

ehető / nem ehető

شرّير / لطيف

gonosz / kedves

مثير / ممل

izgatott / unott

سمين / نحيف

kövér / vékony

أولاً / أخيراً

első / utolsó

صديق / عدو

barát / ellenség

مليء / فارغ

teli / üres

صلب / لَيّن

kemény / puha

ثقيل / خفيف

nehéz / könnyű

جوع / عطش

éhség / szomjúság

مريض / صحيح

betegség / egészség

غير شرعي / شرعي

illegális / legális

ذكي / غبي

intelligens / buta

يسار / يمين

bal / jobb

قريب / بعيد

közel / távol

جديد / مستعمل

új / használt

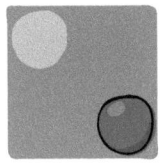

لا شيء / بعض الشيء

semmi / valami

مسن / شاب

idős / fiatal

يشعل / يطفئ

be / ki

مفتوح / مغلق

nyitva / zárva

خافت / عالٍ

csendes / hangos

غني / فقير

gazdag / szegény

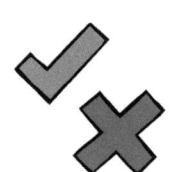

صح / خطأ

helyes / helytelen

أحرش / املس

érdes / sima

حزين / سعيد

szomorú / vidám

قصير / طويل

rövid / hosszú

بطيء / سريع

lassú / gyors

مبلول / جاف

nedves / száraz

ساخن / بارد

meleg / hideg

حرب / سلم

háború / béke

0	**1**	**2**
صفر	واحد	اثنان
nulla	egy	kettő

3	**4**	**5**
ثلاثة	أربعة	خمسة
három	négy	öt

6	**7**	**8**
ستة	سبعة	ثمانية
hat	hét	nyolc

9	**10**	**11**
تسعة	عشرة	أحد عشر
kilenc	tíz	tizenegy

12

اثنا عشر
....
tizenkettő

13

ثلاثة عشر
....
tizenhárom

14

أربعة عشر
....
tizennégy

15

خمسة عشر
....
tizenöt

16

ستة عشر
....
tizenhat

17

سبعة عشر
....
tizenhét

18

ثمانية عشر
....
tizennyolc

19

تسعة عشر
....
tizenkilenc

20

عشرون
....
húsz

100

مائة
....
száz

1.000

ألف
....
ezer

1.000.000

مليون
....
millió

الإنكليزية

angol

الإنكليزية الأمريكية

amerikai angol

لغة ماندارين الصينية

mandarin kínai

الهندية

hindi

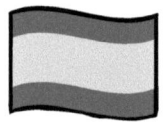

الإسبانية

spanyol

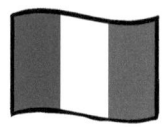

الفرنسية

francia

العربية

arab

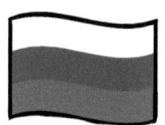

الروسية

orosz

البرتغالية

portugál

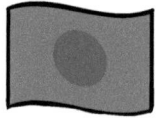

البنغالية

bengáli

الألمانية

német

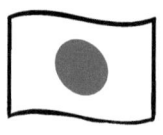

اليابانية

japán

أنا

én

أنت

te

هو / هي

ő

نحن

mi

أنتم

ti

هم

ők

من؟

ki?

ماذا؟

mi?

كيف؟

hogyan?

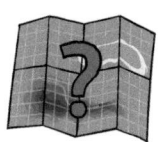

أين؟

hol?

متى؟

mikor?

اسم

név

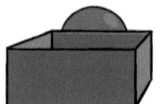

خلف

mögött

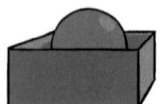

في

benne

أمام

előtte

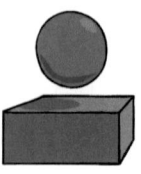

فوق

felette

على

rajta

تحت

alatta

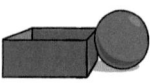

جنب

mellett

بين

között

مكان

hely